ΑΊΛΥΡΟΣ

Екатерина Симонова

Гербарий

AILUROS PUBLISHING
NEW YORK
2011

Ekaterina Simonova
HERBARIUM

Обложка, иллюстрации — Ирина Бабушкина
Фотопортрет автора — Елена Баянгулова
Макет, редактура — Елена Сунцова
ailuros.nyc@gmail.com

ISBN 978-0-9838762-0-5

Екатерина Симонова

*Посвящается
Елене Баянгуловой*

Из воспоминаний Адели С.

«...Город — сиял: мне всегда так и хотелось сказать о нём — "сахарно сияющий", хотя какой тут сахар — птичка, вышитая серебром по голубому плещущему шёлку, лук и стрелы, звенящие нарисованным металлом на холодной стене, все шелестящие покровы, медленно обёртывающие женский мрамор, клюв, целящийся прямо в сердце, Святой Себастиан (он-то здесь откуда? но ведь именно он), манящие вниз, в воду, ступени, ночи, белые, огромные и лёгкие, как воздушные шары, вся возможная точность и вся невозможная, изъязвляющая тебя красота, у которой не было возраста, а только — сердце и долг.

Но город именно *блистал* и трепетал на ветру.

Сфинксы с серыми бесстрастными и бесполо-женскими лицами. Плеск воды под ними. Грифоны с отполированными — на счастье — золотыми темечками.

Улица Галерная — почему именно она? — может, из-за названия: ушедшие столетия, солнечный день, ненаведённая на стены домов свежевыкрашенная красота, пустые камни мостовой и, кажется, вёсла, взбивающие воду, как яйцо с сахаром — для пышного пирога истории, для того, чтобы доесть последний — самый сладкий! — кусочек перед сном.

Мойка с бледным и разноцветным рядом томительно-восхитительных домов — о, да, только именно такие, ничего не значащие, эпитеты и возможны, ибо я — немела от счастья.

Миниатюрные сады с огромными деревьями — за литыми решётками, охватывающими деревья чёрными браслетами.

Башни эпохи модерна — с окнами по кругу.

Зеленеющие ангелы, смотрящие вниз на город с безумных храмовых высот и указывающие вверх — нет, не пальцами, а всё-таки перстами.

Тёплые каменные львы и тяжёлые их лапы, выглаженные до блаженного зажмуривания — временем.

Город суровых кошек и наглых крыс.

Много пространства для дыхания и мало места для домашнего уюта.

Прелесть плесени и статуй. И запах воды. Запах того, что никогда не будет принадлежать тебе. А, значит, любимо самой чистой любовью, как высокопарно это бы ни звучало.

Это был тот город, который мне бы хотелось видеть и знать, впрочем, который я и видела, и знала — идеальный, вне времени: оставленный и исчезнувший, тот, который запечатлел Карл Булла, — наивный, как *фильма* из двух частей про любовь графини к бедному и благородному музыканту — под *жалобную скрипку и разбитую пианину* — хрустальные бокалы в ресторанах с золотистым аи, летние сумерки и томительные оркестры в «Аквариуме», неизменный и вечно меняющийся Невский, вечера в доме Мурузи, жизнь в «Башне», гуляния в Летнем и Таврическом, «Бродячая собака», густые деревья Царского Села, певучие серые глаза муз, всё самое потаённое и напоказ, все слова — именно слова, а не стихи, потому что стихи казались просто — воздухом, мужчины и женщины, мужчины и мужчины, женщины и женщины — театр, театр».

Париж, 1955

Часть первая.
ВЕЧЕРА

I. ЗИМА

Адель берёт коньки
И чёрненькую муфту.
Легко идти, дышать.
Какие стеклодувы

На высохших ветвях
Прозрачные сосуды
Развесили, шутя?
Январь похож на чудо.

Ей из саней кивнёт
Прекрасная Паллада,
С ней Князев и Кузмин,
Скандалы и досады.

В кондитерской Адель,
Где воздух шоколаден,
Пьёт кофе с коньяком,
И гроздью винограда

(Хоть рот открой и жди)
Висит над ней молчанье,
Не подберёшь ключа,
Адель не перестанет

Казаться нам такой,
Какой она едва ли
В действительности есть.
Перманганата калий

Так в яркое вино
Преображает воду,
Пусть только лишь на вид —
Обманывать природу,

Прикидываться льдом —
Вот женская отрада.
Воробышки в окне
Стучат куда не надо.

Адель на них глядит,
Как женщина от Блока.
Хоть Блок и знаменит —
Он в женщинах не дока.

* * *

Невский затягивает память узлом.
шарики звёзд серебрятся, скрипят, как жесть.
в этом городе, зимнем, как лес,
никто никогда не будет вдвоём.

тёмные окна у́же, чем самый февральский вдох,
фонари заметают дорогу хвостом,
город похож на таинственный патефон,
спрятан в футляр заводных снов,

полосато крутящихся, как юла,
жалобным звоном, тупою иглой
царапающих сердце, напоминающих о той,
которая здесь не будет со мной, не была.

* * *

Вода теряется из виду,
как будто что-то позабыто
на стыке неба и зимы,
в которой замерзают львы.

Белеют гипсовые гривы,
как будто круглый мёртвый ливень,
впечатавшийся в темноту,
как раковина — в глубину.

Стоят железные трамваи
с опущенными вниз усами,
и тараканьи их бега
приостановлены, пока

снимает память, как фотограф,
их вновь и вновь и, как гектограф,
созвездья множит над тобой
и звук мороза жестяной.

* * *

Елене Баянгуловой

ты выйдешь спозаранку
вдоль зеркала Фонтанки,
овальный неба свет —
серебряный багет.

в нём отражаясь слабо,
покорно и лукаво,
ты разбиваешь лёд,
несчастье пряча в рот,

как хрупкое печенье.
отбрасывая тени,
с балконов сыплет снег,
закончивший ночлег.

и бьёт копытом лошадь,
и поднимает локоть,
испуган и поник,
в витрине твой двойник.

и тянешь не дыша —
прислушиваясь — ша! —
к обратному пути,
где мост не перейти,

где сфинксы смотрят глупо,
загадку дав друг другу,
но только не тебе:
ты помнишь обо мне?

Сапёрный

Елене Егоровой

1.

Сапёрный переулок,
Ах, питерский окурок:
Ни огонька, ни дыма,
Ни мундштука в помине.

А было, было время,
И рощ каминных тени,
И белые медведи
Свои там шкуры грели,

И жолтая[1] Марина,
Вся нервы и гордыня,
В кусачем чёрном платье,
Безгрудая под платьем,

Стихи читала пылко,
Похожие на вилки,
Цепляющие сердце —
Кусочком не наесться,

Но всё — его, её же —
Забрать себе до крошки,
И, наливая чаю,
Запомнить, не прощая.

---

[1] Sic!

2.

Дом 10 и 13,
Где можно целоваться,
А лучше бы нельзя,
Ведь все мы здесь друзья:

Похожие на кошек
И Лёня, и Серёжа —
С кудрями Лорелей —
Марины чуть светлей,

И спутавший их Осип —
Он золота не просит,
А только прядь Москвы,
Летучую, как — «Вы»,

Которое без Сони,
Бессонной, хоть и сонной,
Становится пустым,
Точнее, холостым.

И только лишь густые,
Кузминские, чужие,
Глаза глядят из тьмы,
Выглядывая сны,

Которые — короче,
Поскольку время точит,
Как крыса, эти дни,
Нездешние, как — «Ты».

* * *

и в круглых париках ветвей
дрожат фонарики, похожие на души —
из них никто ни здесь, ни там не нужен,
но что об этом говорить теперь,

когда сам воздух — плен, дыханье, иней,
как бутафорский снег, струящийся вдали,
летящий вниз с трагическим усильем,
вверх руки тянущий с черствеющей земли,

нарезанной нетолстыми ломтями
между каналами, нагруженными льдом,
как корабельный трюм — свет пальцы запускает
вовнутрь, и остаётся в нём.

* * *

а выходишь на проспект —
а проспекта-то и нет,
только снег, как света след.
зачерствела, как багет

в форме пекарской, нева,
ни жива и ни мертва,
всю проспавшая беду,
будто девица в гробу.

бронзовый холодный кот
поднял лапу — цапнет вот
из серебряной фольги
шар луны: снимай, беги.

но с моста посмотришь вниз:
стынет всё — и тает жизнь,
вот ещё кусок отломлен —
на оставшемся держись.

Гумилёв

Eismann'у

1.

Анна анной погоняет
И нотацию читает:
«Что за анна ты такая,
Смуглая и дорогая?
Почему твой долог век,
Верность где смежённых век?
Почему глядишь ты вдаль,
Закрываешь нежность-ларь?»

2.

Ждёт она, он уезжает,
Приезжает, наезжает,
Забывает, называет,
Голову на грудь склоняет,
Будто благовест — на лес.

Анна — церковь, он же — крест,
И молва идёт окрест.

3.

Голову повыше задерёшь:
В небе чайка — маленькая вошь,
Баб этих пойми — не разберёшь:
Коли любит — значит, точит нож.

Взгляд поднимет — дорогую брошь,
Онемеешь, хочешь — не возьмёшь,
А возьмёшь — уронишь, не найдёшь,
Налетишь на нож.

4.

комочек пара изо рта
замёрзший баловень вранья
и день прозрачный голубой
стоит над невскою водой

вот Летний сад в нём зимний лёд
бугристый чёрный как живот
утопленника пьёт тоска
остра как ласточка виска

о, муза пойманная кровь
и поножовщина-любовь
проходит мимо присмотрись
ненастоящая как жизнь.

5.

В Тучковом тихом переулке
Пусть вьюга кружит за окном,
Они как будто бы в шкатулке,
Ещё не сожжены огнём
Соперничества, боже, боже,
И понимания любви,
Сейчас на тех себя похожи,
Которых так и не нашли.

Свеча

1.

В окне холодном белое стекло
Трещит пустым берёзовым поленом.
Пока любовь течёт по тонким венам,
Неву ещё совсем не замело

По чёрные чугунные края
Нечеловечным и последним снегом,
Сухим, как поминальный хлеб, наверно,
Ты говоришь, почти не говоря.

2.

Мы все умрём здесь, знаешь, мы уйдём
В нелетний сад незимнего вниманья,
Где птицы пьют из воздуха молчанье
И опускается в вечерний водоём,

Как божество индийское, звезда,
О, тающее дивное незнанье,
И ты целуешь руку на прощанье,
И оставляешь это навсегда.

* * *

С моста на уток спящих,
Почти что настоящих, —
Снежок — щепоткой соли,
Засыплет горечь горя.

Посолим круто кашу
Того, что было нашим,
Облизывая ложки,
Съедим всё понемножку.

Лёд лопнет, зеленея,
Себя сберечь не смея,
И полосатых уток
Проглотит воздух лютый.

Железные перила
Покроет ржа, как иней.
Какая благодать —
Потом не увидать.

* * *

Но, задержавшись на свету,
И с тенью неразъёмна,
Смерть настигает на лету.
И смотришь удивлённо,

Как Мойки каменные лбы
Разбиты отраженьем.
Мостов верблюжие горбы,
Чугунные колени —

Безвременья шуршит песок.
Сияющей иглою
Адмиралтерство шьёт мешок,
И, в нём зашиты, тонут

Деревья, круглые, как рты
Трагичных белых масок,
И улыбнувшиеся львы,
И школьные указки

Сверхуказующих перстов
Над городом и морем
Продрогших гениев — на то
Неназванное горе.

II. ВЕСНА

Огромные — в сад — двери,
В нём белые Адели
Поют или гуляют
И ничего не знают

Про клетки золотые,
Про тёмные могилы.
Ах, этот слабый пол!
Сиреневый подол

Подхватывает ветер.
И берег моря светел.
Адели сходят в сад,
И сад им очень рад.

Из пастей, ртов уродцев
Вода, сияя, льётся.
Весенний Петергоф
Быстрее движет кровь.

* * *

Ты дышишь воздухом, как рыбною водой,
Безгласный, в город не входя — вплывая,
Как в гулкий грот, в фонтанные подвалы,
И тянутся деревья за тобой,

Как след от лодки на пустом песке —
Скрипуче узловатые, густые,
И падают, как яблоки большие,
Дожди в нелетней тёмной пустоте,

И волосы намокшие струят,
Как змейки греческие, *хладные* извивы,
И девушки сквозь дождь глядят красиво,
Дождь отводя с лица, как взгляд.

Модерн

ограды прорастают долгим садом,
несветскою печалью, светским взглядом
снаружи внутрь — через стекло печали,
в котором отражаются едва ли

слепящий воздух и нерыбность плеска,
немного праздной бронзы, много места
для воздуха, заправленного в камень,
как в пяльцы шёлк, о, как звезда экрана,

поочередно то тому, то этой
клонящая беззвучно голову на плечи,
и всё-таки через плечо в который раз встречаясь с вами
глазами медленными, будто дирижабли.

*   *   *

ночь как ласковый магнит
свет к себе притянет
фонари везде зажжёт
и во мне оставит

на Египетском мосту
встретимся глазами
разойдёмся будто львы
сыты златоглавы

только свет к себе зовёт
как не обернуться
взгляд отдать забрать уйти
и не прикоснуться

* * *

Взлетающие качели, гуттаперчевые вертихвостки,
Косами хлещущие о доски,
Точно рыба хвостом в ведре,
Весёлые прачки на зимней реке,

Выбивающие вальками дробь цирковую —
Вверх-вниз, *я ли тебя не утешу, я ли тебя поцелую?* —
Качели скрипят, развеваются пелеринки,
Малиновые щёки, *розаны*, девочки-малиновки,

Ботинки на пуговках, смеющийся миндаль,
Не ведомы горе и горечь, но неведомая печаль —
Разломленный на троих горячий крендель —
Вкуснее любви и дороже денег.

Свидание

1.

Тронешь бок большой печи—
Так горяч, что хоть кричи,
Белый кафель, и заслонка
Светится почти, как плёнка

Глаз кошачьих в темноте.
В загустевшей тишине
В длинной кухне стынет ужин,
Одинокий и ненужный.

2.

Но в громоздком телефоне
Скрипнет голос дорогой,
Принесённый не Эолом —
Чёрным скользким проводком.

И спешишь, забыв калоши,
Взяв мимозу и стихи
Поликсены Соловьёвой,
Эротически легки.

3.

Месит снег лопатой дворник,
Поглядев сурово вверх —
Наверху лепные девки,
Оголившись, как на грех, —

Допотопные гречанки —
Держат на плетенье кос
Крутобокие балконы,
Как корзины белых роз.

4.

По линии Перинной,
Весёлой и старинной,
Под звон часов опасный —
Опаздывает страстно

(Точнее, просто страшно,
Что не придёт) и часто
Сверяешься с часами,
Как будто бы случайно.

5.

И ветер косо смотрит
На каждый круглый дворик —
Чугунные ворота,
Поющие, как ноты,

Не запускают внутрь,
И ветер пыжит грудь
В бессилии, как утка,
Над человечьей шуткой.

6.

Мир между двух каналов
Как между двух провалов.
И ты идёшь ко мне
По чётной стороне.

И Невский длинно тает,
И дирижабль взмывает,
Не здесь, но где-то там,
На радость горожан.

7.

…Оглянёшься напоследок:
Было, было и прошло,
Лишь пригóршней скучной манки,
Шепчущим сухим снежком

Смерть, просеяна сквозь сито,
С берегов пустой Невы
Засыпает всё, что было.
Засыпай теперь и ты.

*   *   *

сад обездвижен,
обморожен,
как будто ватой
переложен

гербарий нежный
и густой
в заветной книге
городской.

ты открываешь
и читаешь,
снег падает,
но ты летаешь,

во льду простудном
и весеннем
впечатана,
как лист осенний:

хрупчайший саван
и ночлег,
разорванный
на свет и снег.

Маскарад

1.

Город безлюден, залит, как
Блюдечко — по края,
Талой тоской, морской синевой,
Лишь, золочёный маяк,

Купол Адмиралтейства повис —
Семирамиды сады —
В газовом пламени дня, весны.
Жизнь впереди, позади.

Белый песок пролетевших лет
Режет тебе глаза.
Ты оборачиваешься ей вослед —
Но не успеть сказать.

2.

Ах, куколка в шкатулке,
Как раковина — круглой,
Прелестной и минутной,
Фарфоровой и гулкой,

Откроешь — завертелась,
Закроешь — вот и нету,
И нежность без ответа
Оставит смертность тела,

Все эти охи, ахи,
Как пёстренькие птахи,
Взлетев, летя, растаяв,
Как боль, тебя оставят,

Не розы — голубое,
И шёлк, и золотое,
Тебя закроет время,
Как ткань — коробки темя.

3.

коломбиной притворялась,
сладким чаем угощалась,
вышивала покрывала,
ничего и не осталось —

только птицы в клетке круглой,
оля, олечка, голубка,
музыкальная шкатулка,
жизнь пройдёт по переулку,

обернётся — где ты, кто ты? —
в рамке тонкой позолоты
водевильная фонтанка,
то ли оля, то ли чайка.

Крестовский остров

1.

На улице Еленинской
никто не верит в Ленина.
Елены пьют чаи,
ломая калачи,
с вареньицем вишнёвым,
с французским русским словом,
и воздух чуть солёный
качает шторы томно.
И жизнь идет вполне,
от Wagenrad — к войне.

2.

«Санкт-Петербургский императорский яхт-клуб» —
Слетает с придыханьем с женских губ
Название английское почти,
Они хотят их — только посмотри,
Как ветер ленты с пышных шляп полощет,
Какой на водах солнце оставляет росчерк,
Какие фантастичные вуали
Сквозь кружевные зонтики бросает
На лица женские, беспечные, как гладь
Морская — антуражная, как ять —
Для красоты, не для удобства речи:
Убрать легко, но заменить-то нечем.

* * *

Елене Баянгуловой

На фоне истерической сирени
Все женщины нежны, как акварели,
Ресницы поднимая еле-еле,
И падает сирень им на колени,
Они сидят, о, девы акмеизма,
Русалочки, обложенные льдом
Дождя, их не пугает гром,
Но их пугает сумрак большевизма,
Хромой и чёрный Нарбут в нём,

Угрюмый, будто гоголевский мельник,
Стихами, как большим мешком,
Их накрывающий и под дождём
Не оставляющий ни ласточкиной ленты,
Ни туфельки, запачканной землёю,
Ни лепестков, кружащихся над ней,
Он говорит, они же, как во сне,
Ему внимают пленною толпою,
И в парке павловском теряются одне.

Он их найдёт и выпьет слабый разум,
Разрушив мир прелестных мелочей,
Доступных больше сердцу, а не глазу,
Терять которые — больней.

III. ЛЕТО

Белое платье, гладкое, как вода,
Адель достаёт из коробки, проводит рукой
По шёлку, тонкому, точно боль
Воспоминаний, опиума игра.

Светлая ночь трепещет бабочкиным крылом.
В тёмной Кунсткамере переливаются стёкла, ломая кость
Старых младенцев, желтей, чем дешёвый воск.
Души себе забирает Нева, как железный лом.

Завтра — на дачу. Приедет Соня Парнок.
Будем гулять рука об руку. Солнечный сад
Нас затеряет, сладок, тягуч, лукав.
Твой поцелуй поймает — сачком — рукав.
Потом мы расстанемся. Господи, как хорошо.

*   *   *

Три котёнка: старшая сестра, средняя сестра, младшенький недодел —
Самый счастливый. Глядят голодайки, коленки, вшивая простота,
Пестрота, петроградский мел —
Раскрошится через год-через два,

Развеется меховая жалкая пыль, дрожанье зимнее тел,
Останется в тайнике кошачья косточка-вилочка: положишь её в рот —
Станешь невидимым, будто смех в темноте,
Потеряешь себя, как незамеченный поворот,

Разобьёшь, как глиняную чепуху,
Эту тоску, ночной скрипучий карниз, сердце моё.
Ты засыпаешь, и кто-то поёт (мурлыкает?) наверху,
И потирается о плечо.

* * *

в голландском разлинованном саду
два мраморных зефира надувают щёки —
никак не пасть гусиному перу —
ах, ветренице шёлковой — под ноги,
перо летит, вертясь, позеленев,
и листья лопнувшей диванною пружиной
закручивает ветер, и окаменевший зев
похожие на круглые кувшины
показывают львы, и свет бежит,
бежит на трёх ногах по глохнущей аллее,
между деревьев, как открытка, вклеен,
камзольный век на цыпочках стоит.

* * *

Романтическая чопорность сада
Ограничивает его вернее ножниц садовника и ограды,
И в полутьме застывает печальной
Белая женщина, камень гадальный.

Ты вглядываешься в глубину. Не потому, что хочешь увидеть
Мраморный поворот головы, неожиданный ход событий,
Но тонкое лето, просеивающееся сквозь ветви
Сухой позолотой на голые плечи,

Подводную мягкость звуков, лягушку на дне кувшина,
Время, податливое, как влажная глина,
Слабость, которая будет точнее света
Именно здесь и сейчас — не где-то.

* * *

вода тяжелее воды
и гром тяжелее грозы
во тьме поджидают мосты
густы как сирени кусты

и кажется что ты поёшь
какая прекрасная ложь
ты в воздухе криво висишь
и воздух глоточками пьёшь

теплеющий как молоко
и кажется жить так легко
но только кому там легко
где анна и осип и все.

Память

1.

Ветер лепит куст сирени
Из сиреневого масла,
дует, дует в середину,
чтобы не погасло

за елагинской оградой
и за гипсовым зверьём
море сада, море рядом,
мир в котором мал, как дом.

2.

Львов так много на земле,
У воды и во дворе,
Каменеют и зевают,
Ты их гладишь по спине,

Сядешь у шершавых лап —
Львы, зажмурившись, рычат,
Все похожи, улыбаясь,
На нашкодивших котят.

3.

На Галерной улице
Солнечные курицы
Каменную булку
Мостовой безлюдной

Выклевав по крошке,
Яркие, как брошки,
Рвутся врассыпную,
Как фонтана струи.

4.

Медные ангелы,
Змеино-зелёные от тоски,
Смотрят невнятно вниз,
Им не подашь руки,

Хлебцем ржаным
Не накормишь, как воробьят.
Крылья-зонтики сложены.
И время их бьёт, как град.

5.

Память, как Литейный мост:
Что ни рыба — то вопрос,
То найдётся, то погибнет,
Как дельфин, покажет нос.

Жизнь запаяна в решётку:
Листья, волосы, хвосты,
Удивишься лишь — как тонко —
Каждой мелочи внутри.

Прогулка этого лета

Елене Сунцовой

1.

Какое лето в садике, в кафе,
Жасмина запах, слабый и манящий,
О, этот вечер, столь ненастоящий,
Как тоненький гимнаст на голове.

Все кру́жки — розовы и все тарелки — жолты[1],
Все молодые люди веселы,
Глаза подкрашены, как лодочки любви,
И в нежности таинственные гроты

Плывут во тьму июльской духоты,
Сияя в темноте, как светлячки, желаньем,
Сладчайшим, будто книжное собранье
В библиотечке брошенной жены.

2.

Поэзия не терпит сна.
Сменяют женщин стройные мужчины,
Мужчин смущают странные картины,
Голы, как ботичеллева «Весна».

Внебрачных связей легкие покровы
Утягивают груди здешних муз
Не в узел строгий, скорбный и суровый,
Но в нудный и мистический союз.

Предписанные Башне наслажденья
Надстраивает слухов вавилон.
Поскольку слишком прост одеколон,
Духами весь опрыскан Ауслендер.

---

[1] Sic!

46

3.

Ах, Юрочка, ах, девочка, ах, мальчик,
Смеётся, будто красный мячик.
Ах, Мишенька, ах, Олечка, не плачь,
Ведь всё равно утонет звонкий мяч.

Вы не узнаете, как водится, об этом,
Но, друг за другом перейдя
Вброд речку ту, увидите себя
Такими же, как в канувшее лето,

В силках любви из стихотворных ниток,
И жизнь протягивает снова пить —
О, неизвестность — худшую из пыток:
Оставить быть, оставленною быть.

Вода

1.

вода как белые цветы
глаза завязывает плотно
стоят подводные сады
в глазах и окнах

и тонет горечь лепестков
как горечь невозврата
во тьму уходит как любовь
быстрей не надо

2.

Пухнет город от воды
Будто смерть-тряпица
То ли плакать-тосковать
То ли веселиться

Глянешь в круглое окно
Уплывают в море
Люди домики мосты
Стихнуть на просторе

И летит воздушный шар
С девушкой в корзине
Карл Булла его не снял
И уже не снимет.

3.

Как куколка, спелёнута водой,
В подводной колыбели зыбкой,
Она качается, как маятник живой,
Точней, почти живой. И скрипка
Там, где-то наверху, поёт
Так жалобно, ах, кругленький щеглёнок.
Всё уменьшается. И боль совсем пройдёт,
Точней, уменьшится. Спросонок
Так горе кажется не горем, только сном.
Вода колышет беленькую юбку,
И шёлковая туфелька на дно
Слетает — нет, скорее, отплывает. Чутко
Холодные зелёные дома,
Присматриваясь к ряби сквозь перила,
Её почти что видят. Без ума,
Как будто бы оказывая милость,
Она кивает русой головой,
Такою глупенькой, такою беззаветной,
Такою Лизиной, но всё-таки другой,
И взгляд её, не голубой, но светлый,
Вверх устремлён. Под Прачечным мостом,
Рассматривая каменные своды
В весёлых брызгах, в свете золотом,
Наискосок ныряющим под воду,
Она плывёт, она ещё плывёт,
Как уточка, ах, брошенный цветочек,
Рукой прикрыв круглеющий живот,
Недоцелованный, она уже не хочет.

Из Набокова

Гранитные плиты, отутюженные водой,
держат воду, как кошку под мышкой,
вода выгибает спину, творит ленивый разбой,
фыркает, небесную простоквашу лижет.
Дамскую шляпку, оставив женщине только жест —
схваченный воздух в нежнейшей перчатке,
растрёпанный узел волос, сезонную тоску к перемене мест —
ветер уносит. Ярмарочные палатки,
как утки, срываются с насиженных гнёзд,
голос шарманщика скрипит алмазом по камню,
и за городом где-то свистит паровоз
в парных полях, в туманном сентябрьском мареве
возвращаясь обратно. Паровозный дым
мчит мимо вагонов, где на диване, обитом скрипучею кожею,
мальчик в шапочке, круглой, как Бом или Бим,
к стеклу прилип (сачки и гербарии аккуратно самим сложены),
и впереди — стакан молока, печеньице перед сном,
штопаная матроска, из которой он вырастет скоро,
ангина, кроличьи варежки, рыжая лошадь, добрый дом —
и никакого взросления, нищеты, позора.

IV. О С Е Н Ь

Облако, лебяжий пух, пуховка,
Голубая нежная форель,
Ах, сердец прилежная мотовка,
Разрезает яблоко Адель

На две розовых хрустящих половины —
Съесть одну, вторую так
Нарисует милый Сомов,
Мише милому подарит, как пустяк.

Вечером у Вячеслава в «Башне»
Вызывают духов, и духѝ
Пахнут чуть иначе, не как раньше —
Совратительны, медейны, нелегки,

Обольстительнее Генриха Брокара,
Их подаришь, значит, поутру
Ане с Олинькой, бесстрастно наблюдая,
Всё сгорит, как пламя на ветру,

Всё закончится, как ночь и междометья,
В круглом уплывающем окне —
Петербург уходит под воду столетья,
Чудится нетронутым на дне

Нежный остов, смерть, как недотрога,
Отворачивает от него лицо,
О, не двигайся, о, подожди немного —
Всё равно, ведь всё равно — её.

* * *

Красный, зелёный, синий — весёлые карандаши —
Мосты — гранитные ныряльщики, чугунные рукава —
Вприпрыжку рядом бегущий канал,
Небом отражённая пресная рябь.

Бедный Евгений. Оставляя метки на стенах, под кроватями — щук,
Вода прибывала и убывал взгляд,
Из воды подымался взбешённый, как призрак, сад,
Оседлавший тяжёлый мрамор, будто кита, человек

Превращался в памятник, в рукописный лёд,
Рассказанный в темноте, как страшная сказка и
Теряющий разум в пьяных слезах, в чернильной крови —
Прерванный, как смех.

Дом Мурузи

Весёлый воздух, ранняя пора,
Литейный прошивают конки
Машинкой Зингера. Стучат так звонко
Копыта лошадиные, что рад

Проснуться и потягиваться, зля,
Надежды полон на другое время,
Когда выходишь в залу перед всеми,
Надев Офелии беспамятный наряд,

К глазам подносишь золотой лорнет,
Рыжеволосою язвительной наядой
Садишься и пугаешь тех, кто рядом,
Прищуриваясь, или, может, нет,

Так забавляясь новеньким цветком,
С корнями выдранным из мужеского сада.
Людьми набит, как рафинадом
Большая сахарница, странный дом,

И каждый говорит в нём — о твоём.
Не это ли великая награда
За то, что вместо мужа рядом
Любимый, но библиотечный том?

Блоки

Елене Горшковой

1.

Они не пьянствуют — они блаженство пьют:
О, женские шелка, их шелест и дыханье,
Чтó рядом с ними тайны мирозданья,
Густые, как снега, когда колышет грудь

Багряную камею, как ладью,
Точнее — символ бледной, жолтой[1] мýки,
Когда заламывают руки от разлуки
И зёрнышком гранатовым зарю

Кладут на блюдо треснувшей любви,
Рта скорбного, как верности, минуя,
На Петербургской Блоки не ночуют
Опять, опять, и гаснут фонари.

2.

Томительно к губам прижав запястье,
Невидящий он поднимает взгляд
Сквозь женщину — на Белого и Пяста,
Вину поющих славу. Этот ад

Обыденности или межсезонья
Сжигает мозг — ещё вина, вина! —
Пока душа вином, как злом, полна,
Жить можно далее. В вине потонет,

О, город, страшный, нежный и суровый,
И в кольцах тяжких узкая рука,
Но длинногубый Пяст выхватывает слово,
Как ноздреватый сыр, и режет по кускам.

---

[1] Sic!

* * *

Фотографируются на память, говорят, молчат,
Осенний воздух намазывая на бутерброд,
Ольга заваривает чай,
Ирина к чаю зовет.

Время закутывает дом в шаль,
Ложкой позванивает в стакане, целует в лоб,
Складывает простыни, дни в расписной ларь,
Вздыхает, как спящий кот.

Дождь перечёркивает окно,
Как бумажные полосы, крест-накрест, и
Мария выходит в гаснущий коридор,
Не зная того, готовая к смерти так же, как и к любви,

И вот, в проёме между светом и тьмой двоясь,
Она оборачивается, невидимая ни для кого,
И только раз по-настоящему видит тебя,
Видящего её.

* * *

Наталье Хахалкиной

Ты умираешь, точнее, просто перестаёшь звать
Акробаток, спускающихся вниз на атласных шнурах,
Беленьких девочек в газовых платьях сна,
Разбивающих ананасные кольца льда.

Они висят над тобой, раскачиваются, дрожат,
Хрустальные шарики небесных люстр,
Они улыбаются, глядят без чувств,
И невидимые зрители вместе с тобой в темноте глядят

На эти балетные туфельки с вощёным носком,
Юбки, крутящиеся, как серсо,
Круглые рты — нежные буквы «о»,
Растягивающие твою жизнь, как аккордеон,

Ольга, Татьяна, Мария, Анастасия, имена легче, чем беличий мех,
И ты замираешь, прислушиваешься, сам вытягиваешься вверх,
Вытаскиваешь белые ленты из их волос,
Опустошённый, как коробка из-под папирос.

*　*　*

Баст на тебя глядит из темноты,
Глаза кошачьи веерно сощуря,
Но комнаты безмолвны и пусты,
И время надвигается, как буря,

И вечер каменеет за окном,
Как жёлтый мрамор в кварцевых прожилках
Созвездий, полированных водой
И к морю повернувшихся затылком.

И воздух, обжигающий, как спирт,
Ты пьёшь короткими и резкими глотками,
Преодолев любовь, как стыд,
Под северными злыми небесами.

Синематограф

1.

Он тебя бросит, а ты его — нет.
Это всегда не спасает от бед.
Злой муж — тебе, как цветы и меха.
Страшная пуля ему — в потроха.

Руки заломишь, слезою сверкнёшь,
Ты не простишь, о, измену и ложь,
Но от судьбы, как и он, не уйдёшь,
Криком немым на помощь зовёшь.

Роза увянет, кинжал упадёт
Из рук любви. Твой трагический рот
Зрителей в сердце, как гром, поразит,
И за тебя договорит

Глупой девицы измятый платок.
Хочется страсти, дыханья в висок.
Хочется жизни, которой всё нет.
И покупаешь на *фильму* билет.

2.

экран озаряет лица нездешним светом,
и неважно, что там на них надето,
печаль или счастье, впрочем, я не об этом,
неважно даже и то, что сами они потом говорят про это,
просто какая ещё остаётся, подумай, радость,
кроме самой простой — фортепьяно, сладость
поцелуев любви — ненастоящей, а значит, вечной,
потому что больше от правды и скрыться нечем.

3.

Вера Холодная смотрит с экрана,
Глаза её глубоки, как горе
Черноморское, брошенное, дорогое,
Вокруг смеются и обнимаются дураки.

Потом выходишь на мокрый Невский,
Тебя провожает разбитое фортепьяно —
Всё та же женщина, замирающе, невыносимо, пьяно
Предлагающая вернуться, раздеться.

Это всё мы уже проходили.
Холодно. Ты выкуриваешь уже которую папиросу,
И ни у кого не возникает даже вопроса,
Что же ты тогда сделал.

Юрочка

В. Ч.

1. Письмо

«Юрочка, Юрочка, милый, любимый,
Я без тебя одинокий, мой бедный, красивый,
Приходи, меня оставляют силы,
Приходи, изведи, выстегай любовью-крапивой.
Вместе поедем в Таврический сад, зябко
Будем друг к другу долго жаться украдкой,
Вечер наступит, в небе зажжёт золотые лампадки,
Ужинать будем в «Вене», любовь запивать сладко
Белым вином, электрическим вечным светом,
Дома снимешь с меня всё, что на мне надето:
Галстук, жилетку, сердце — из кошелька монету,
Боже, кого, кого же за радость эту
Благодарить, запах медовой прелестной плоти
В горсти хранить и вдыхать, задыхаясь от боли
Этой любви… Что же ко мне, ответь, не приходишь,
Юрочка мой, куда же тебя молодая-то кровь уводит?»

2.

А Юрочка нынче гуляет на Невском, на женщин смотрит,
Юрочку кровь будоражит, водит
За нос, как молодую гончую в огороде,
Полном глупых крольчат и кур, выбор мешает охоте,
Посмотрит направо — налево, слюною исходит,
Только недолго ему — вольному — колобродить,
Воздух хватать-целовать в напомаженный локоть,
Юности времечко быстрей разобьётся,
чем
пастушок
на комоде.

Вечера

андроникова саломея
в дыму курительном бледнеет
и платье белое желтеет
она похожа на камею

на чёрном бархате дыханья
молчащей непонятно анны
неуловимого касанья
бессмысленного ожиданья

что птицы лёгкие на стенах
цветы прозрачные как вены
вздохнут прекрасны и нетленны
и стеблем гибким и балетным

накинут петлю на любого
танцующего молодого
как с псом играющего с словом
неосторожного — живого.

Нас не было. Мы есть

Адель на иностранном корабле.
Окончена прекрасная эпоха.
И впереди — Прованс, Константинополь,
Берлин, Лос-Анджелес. Везде

Мерещатся ей призраки того,
Что было, но прошло. Вот Нина
Молчит и злится. Хитрая Ирина
Бант поправляет. Смотрит на него

Щебечущая Жоржиков чета,
Блестя глазами, будто чайной ложкой
Серебряной в морковном чае. Крошки
Сухарные на палец мусля зря,

Два Николая важны, как грачи,
А Владислав худой, как птица,
На Нину слишком ласково косится
Сквозь треснувшие круглые очки.

Лишь Ося глупый, умный и смешной,
Грызёт кусочек сахара, не помня,
Что что-то ест, он ничего не понял,
Но понимают музы за него.

Фонограф ей запишет голоса,
И все слова Адели приберёт бумага,
Так свежесть кожи сохраняет влага.
Но го́рода ей сохранить нельзя.

Нева останется. Останутся мосты.
Но пропадёт, как дым, очарованье,
На Эрмитажном мостике свиданья,
Как в книгу вложенные хрупкие листы.

Адель не плачет. Фатум ждёт, как миф.
Мы снова встретимся, но слишком уж иначе.
И взгляды друг от друга прячем,
Как непослушный кинообъектив.

Часть вторая.
ПОГАШЕННАЯ ЛАМПА

Из дневника Адели

Уезжали ненадолго
Уплывали навсегда
За кормой сияла ломко
Средиземная вода

Кто вперёд глядел с укором
Кто назад с такой тоской
Что любые разговоры
Не давали ничего

К сердцу вырванному руку
Как иконку приложив
Думали не о разлуке
Лишь о том как милый — жив?

Париж, март 1953

* * *

Ночной веранды тонущий кораблик
Пока живёт. И, вглядываясь в злую темноту,
Она повыше лампу подымает,
И осень замирает на лету.

И в глубине израненного сада
Складные лапки всех жуков и жаб
Блестят, как ножницы, как звёздные заплатки
На времени, глухом, как чёрный драп.

О, шелест ласточек с намокшим опереньем,
О, сладкий запах керосина и разбухших рам,
Застывших в водяном оцепененьи,
О, голая трава, напополам

Распластанная, будто рыба
На кухонном бесчувственном столе,
Отчаянье поваренною книгой
Раскрыто, но записано нигде.

К тебе твои любимые вернутся,
Но не твои, поэтому — твои.
Ты думаешь — они не отзовутся,
Но имени не нужно для любви.

* * *

Наталии Стучаловой

Похожие на петергофских львов,
Во тьму уходят тёплые холмы,
И понимаешь, что хватает слов
Не горечи, но, боже мой, любви.

Подмена эта — жалящий обман:
Смотреть, не видя ничего почти,
И каждый куст похоже на фонтан
Шумит. Не нежь меня, пусти,

Прошедшее, не ставшее чужим —
Но ложным, как фонтана бледный звук.
…Но ощущение невидимой руки
Самих прощальнее и крепче рук.

Поплавский

Евгению Туренко

1.

Горит горит
Твоя звезда
Вверху вдали
Как та слеза
Которую
Слизнул Господь
С тебя как плоть

2.

Деревья встанут у дороги
В ночной проре́женной тревоге,
Как зубья гребня, с чёрным хрустом,
После которого всё пусто.

На башнях зажигают флаги,
Торчат решётки, как фаланги
Застывших пальцев мертвеца
Или заснувшего отца.

В нём ангелы ломают трубы,
Впустую надувая губы
И выдувая снег, как отдых,
Посеребрённый смертью воздух,

В который без известной цели
Из тёплой и земной постели
Всплывает дикий дирижабль,
В надзвёздном холоде визжа,

И ниц глядит Морелла плача,
Себя и грудь свою не пряча,
И льётся с головы её
Светящихся волос жнивьё,

В раскрытый жадно рот тумана
Стекающее, как сметана,
Мир погибает, как вода —
Не навсегда.

Два сонета

(семейный портрет)

Георгию Иванову, Ирине Одоевцевой

1.

Георгий, как любовь,
Язвителен и нов.
Всё новое горит,
Притягивает и

Старается увлечь
В мифическую печь
Литературы, где
Щи не равны еде.

Над ним звезда идёт,
Его звезда ведёт,
Но он кривит чуть рот
И девочку поёт,

Игрушечку и тлю,
Которую люблю.

2.

Ирина любила маму.
Ирина не мыла раму.
Рыжая стрекоза,
Невыносимо для анн юна,

Ах, улыбаясь счастливо,
Как на рекламе мыла,
Боясь лишь, себе верна,
Умереть, боже мой, одна,

Бантом двойным судьбу
Завязывала в саду —
В аду стихотворном,
Кукольном и огромном,

В котором любой немой
Хочет быть птичкою заводной.

Прованс[1]

1.

в матроске, в белой полотняной юбке,
о, в старых апельсиновых садах,
она вдыхает свет, как позабытый страх,
тоскующая круглая голубка,

мелькнув пустой спасательною шлюпкой,
в деревья уплывает «Бельведер»,
и, локти обдирая в тьме ветвей,
она их поднимает, будто юбку,

как женские белеющие ноги,
слепит ей воздух девственно глаза,
она немного чем-то смущена
и воздух хочет, кажется, потрогать.

2.

посередине древнего цветенья
любая будет чем-то смущена.
ей не до пищи, чтения и сна.
почувствовав себя почти раздетой,

она краснеет, нет — бледнеет, да —
бледнеет сквозь пыльцу загара.
вокруг оливы, как аэропланы,
и серебрятся, и вот-вот взлетят —

её внизу оставив, как балласт.
и непонятно, почему проходит
жизнь мимо, там, вдали, как море —
на горизонте, зачеркнувшем Грасс.

[1] Цикл посвящён И. А. Бунину и так называемому «бунинскому крепостному театру» — истории, совершенно безобразной и совершенно прелестной в своей совершенной литературности. Действующие лица: ИА — И. А. Бунин, ВН — Вера Николаевна Муромцева-Бунина, жена писателя, Л. — Леонид Зуров, ГК — Галина Кузнецова, покорное яблоко любовного раздора, М. — Маргарита Степун. — *Примечание автора*

3.

о, город — муравьиная гора!
свет обволакивает окна
и остаётся в них надолго,
тягучий, как сосновая смола.

янтарным позабытым мундштуком
лежащий на полу, немного боком,
зазолотил цветов лиловый локон,
на стол взбираясь, как на холм.

и скатерть жёлтая чуть-чуть,
попав на свет, теряется из вида.
здесь жизнь как бы стеклом облита,
но так хрупка, что — в вату завернуть.

4.

все изгороди розами увиты,
как папильотками. С утра
она снимает их, корзинкою руна
бараньего заносит в дом и слышит:

он гениален, он не хочет розы,
ВН попросит принести дрова,
прислуги нет: болеет ли, ушла,
и облетают лепестки, как проза.

смахнув со лба усталость или мошку,
на кухне чистит рыбу верная жена,
ГК стоит за ней, прижав к груди дрова,
смерть заберёт их всех не понарошку.

5.

Английской набережной выбелена лента,
как холст на солнце. Неба гулко дно.
прозрачный парус — бабочки крыло —
раскраивает вечность на фрагменты.

свет пахнет солью. Ею посыпают
хлеб воздуха, прищурив чёрный глаз,
все в белом в этот предвечерний час,
о, девушки, похожие на чаек!

в порту лес яхт вода едва колышет,
как вышивку на фоне голубом.
ИА доволен, голоден и зол,
идя в трактир с мадонной в тёмной нише.

6.

«любое море кажется водой,
пока оно читается с бумаги,
пока оно на расстоянье шага
не волочёт бесстыдно за собой

сандалии, глухие камни, зонт,
как за волосы — нежную славянку,
которую после отличной пьянки
брать в жёны или сразу же — за борт».

так благодушно говорит ИА,
любовь и спаржу с вкусом запивая
водой и розовым вином, и Галя
вину внимает трепетно и зря.

7.

пока их всех совсем не занесло
воспоминаний полурусским снегом,
не будучи великим человеком
(в конце концов, не всем нам повезло),

Л., нервный Л. с гусарскою *фамильей,*
мнёт на коленях сумочку ВН,
она молчит, горда немного тем,
как нежно жизнь её не пощадила,

и вечер льнёт к плечам ВН платком.
её лицо средневековой девы,
как статуя, затвердевает бело
и смотрит внутрь себя, как в водоём.

8.

картофельною стружкой ветер
срезает кожу с голоса, и, нем,
Л. смотрит вниз с террасы, мажет джем
на бутерброд. Как чёрный веер,

лохматой пальмы муторные тени.
и звёзды тают льдинками во тьме.
небесная морзянка всё длинней,
и неспроста. На шее пухнет вена.

он содрогается. Но тут приходит *Вера.*
Л. утыкается лицом ей в грудь,
как мамочке, как женщине — не суть,
ведь ум смущают разные химеры.

9.

на крохотной печурке в коридоре
ВН поджаривает мясо и поёт
чуть слышно, воздух попадает в рот,
она в нём будто бы согласно тонет.

наполнен, как стеклянная бутылка,
подводной тишиной оглохший дом,
обёрнутый церковным серебром
дождя. В окне деревья, будто вилки,

над изголовьем времени склонясь,
не сложены в овальную шкатулку
лиловых сумерек. Жизнь сухо пахнет луком,
с лукавством тела сонно примирясь.

10.

как в парфюмерном жире лёгкие цветы,
жизнь застывает, отдавая запах
прекрасной юности, и, хоть и глупо плакать,
ГК — вся водяные нежные часы.

барочные глицинии над ней
качает майской лодочкою ветер,
но главное — лишь *он* бы не заметил
ни слез её, ни этот долгий день.

как жемчуг, перламутровы глаза.
она — испуг, она бежит, уже в саду фотограф,
она садится на песок, и камера всех ловит.
и кажется, что это навсегда.

11.

на дне горячего стакана тает сахар.
как море в раковине, кровь в висках шумит.
ГК простуженно М. что-то говорит,
чуть заикаясь, белая от жара.

отсюда, издали, прикрыт стеклянном шаром
воображения, Грасс кругл и медов,
как пряник, просто не хватает слов
для силы колокольного удара,

толкающего воздух чуть печально
над веточкой жасминной, над водой
фонтанчика-дельфина, над стеной
в картавой зелени — над сказкой без изъяна.

12.

после обеда все выходят в сад,
расставивший, как парфюмер по полкам,
призывно запахи. И пахнет свежим шёлком
и вскользь, чуть искоса, духами «Gallimard»

тугая М. с бокалом шардоне.
другие гости дышат, как под душем
горячим. Сад ослепил их, душит,
они не знают, как сказать точней.

ИА так добр и говорлив, как фен:
«Куда всем франциям до наших-то акаций!»
«В жару такую лучше б искупаться», —
вставляет глупо милая ВН.

13.

все дружно едут искупаться в Канны:
ИА, ВН, Л., М., ГК.
последняя как будто смущена,
и чересчур смешлива и упряма.

под круглой белой шапочкой так юно
блестят глаза. ИА, продув мундштук,
закашливается почему-то вдруг.
М., лёжа на песке, с улыбкой смутной,

откинувшись на локти, смотрит в море,
на море и купальнике своём
считая полосы. Как женский палиндром,
две чайки рядом — в суетливой ссоре.

14.

оттягивая на прелестной шее
нить жемчуга, сияющую сном
упущенным, неангельским крылом,
как будто ей дыхание измерив,

ГК приходит к М. почти сама,
вот в этом-то «почти» и сладость яда
любовного, оно само — награда,
в нём сила женского не сердца, но ума,

о, неизменного, пока жива земля.
М. ей расстёгивает пуговки на блузке,
и каждая, как тафтяная мушка,
обеим говорит стеснительно — «твоя».

15.

день занята починкою белья,
как маленькая худенькая швейка,
ВН задумалась. По саду бродит с лейкой
Л., вырывая лук, под нос себе ворча.

ИА угрюмо смотрит сверху в сад,
где, за стеклом, почти в калейдоскопе,
ГК и М., и в бледных платьях обе.
ИА скребёт малиновый халат,

приглядываясь к змейке на кольце
с её руки, протянутой за грушей (?).
ах, боже мой, какой же это ужас:
себя не разглядеть в родном лице.

16.

воротнички, печатная машинка,
подвязки, письма, стопка вкусных книг,
всё — в чемодан, раскрытый, как дневник,
заполненный бельём, уже прочитан.

она берёт колючую ракушку,
подаренную ей в непозабытый миг
ИА, увы, он был не он — двойник,
прекрасный и — поэтому — ненужный.

ГК уходит. Перед ней склонясь,
её *чужие* розы провожают.
она уходит, ничего не зная,
точнее — помня всё, но не боясь.

17.

На фоне голой, как зима, стены,
В предутреннем мерцанье лампы
Они как будто оба пьяны,
Они как будто оба влюблены.

Все расставания как первые объятья:
Невыносимы от переизбытка нас
Вне нас — так слепнет слабый глаз
На солнце, этим безобразным сати

Лишь подтверждая бренность бытия
Большой любви, умноженной на веру,
Что это будет, будет длиться слепо.
Простить, запомнив: я так не смогла.

* * *

Елене Сунцовой

Дыхание, оборвано листом
Прозрачным, вмиг сгущённым светом,
Как молоко и сахарный песок,
Не поймано, но воздухом раздето:

Так тело забывается во сне,
Как одеяло, скинув с себя время,
И оставляет нас самих себе —
Тоскующее ласковое бремя,

Как жемчуг в створке раковины, да,
Сияющий немыслимой печалью,
Которая нас сохраняет для
Того, что есть в любви до расставанья.

Сад

Елене Баянгуловой

1.

Елена плачет телом и печалью,
И на лицо спадают кудри слёз,
В кудрях сияют слёзы, и эмалью
Покрыт заплаканный от голоса вопрос:

«Какая нежность нас не разлучает?
Какая дева нас не разлучит?»
Вокруг журчанье голубиной стаи
О том же ей округло говорит.

И крылья хлопают, белы, как занавески.
Елена поднимает этот взгляд,
Как перламутр — блистающий, нерезкий,
Что понимаешь — нет пути назад.

2.

Ты понимаешь — нет пути назад.
И в сад Еленин входишь, о, едва ли
Дышать посмев, в продрогший водопад,
В сад диких птиц и медленной печали.

Здесь персиковый запах и ручьи
С листвой, застывшей в ледяной глазури,
Она лишь смотрит на тебя, молчит,
В глазах её — неотраженье бури.

Ты к ней подходишь, всё ещё немой,
Её слова твои терзают губы:
«Спаси меня, спасись со мною — мной.
Но что спасёт нас — то нас и погубит».

3

Ты к ней подходишь, всё ещё немой,
Над ней звезда горит и зеленеет,
И рядом с ней ложишься, как живой,
Полуприрученным и белым зверем.

Цветы растут сквозь спящего тебя,
Все жёлтые, прозрачные и злые,
Их листья, тонкий воздух теребя,
Заполонят её объятия пустые.

Она молчит, ты спишь, часы идут,
Но время ход судьбы остановило,
Пока ты спишь, склонившись к ней на грудь,
Пока любовь тебя не повторила.

Другие берега

1. *Восток*

Взгляд женщины всегда печали полон,
Так бабочка под тяжестью дождя
Взлететь не в силах, так по коридору
В ночи скользит свет лампы, уходя.

Она устанет, спрячет, приголубит,
Согреет на нерадостной земле,
Пока, как костяной игральный кубик,
Судьба тебя не бросит на столе.

2. *Юг*

Ментон подкован морем, как копыто,
Вода, как серебро, прибита
К средневековым домикам с дымком
Из труб, копчёных временем и сном.

Ты входишь в воду, но опять другое,
Холодное, солёное, как горе,
Накроет море с русской головой,
И память выплеснет к Большой Морской.

3. *Север*

Неважно, что случится позже, после,
когда судьба за всё и сдуру спросит:
за Александровский сад с трогательной бонной,
за бороды Демидовского дома,

за дачный сад, томительный и тёплый,
за книжный шкаф, всегда немного сонный
от солнца в окна, боже мой, за пони,
с хвостом плетёным, в сеточке-попоне.

4. *Запад*

усталость высасывает твои глаза,
как устрицу, до солёного дна.
тающий лёд капает на руку, как слеза,
последняя, которая не видна никогда.

кукушка в весёлых часах говорит: «ку-ку».
жить стало проще, мучайся и ликуй.
пей вино, но не радуйся, что обманул
старой любви тоску.

Выдох

Евгении Извариной и МЦ

1

Версаль вызванивает кружевом златым,
о, солнечного воздуха такого,
что едкий и табачный дым,
на нём — как масло на воде, а слово,

пластающее тонкую гортань,
как нож тяжёлый — выгнутую рыбу,
рвёт этот воздух, как букварь
в злой детской и бессмысленной обиде

рвёт мальчик; материнская любовь
слепа, как, впрочем, и любовь любая,
сын поднимает недовольно бровь,
и мать ему носочки поправляет.

2.

и юной вдруг почувствуешь себя
от тех стихов, что заостряют голос,
с руки большим обломком янтаря
сорвётся перстень, золотой, как волос

забытой женщины, как ты себе солжёшь,
ведь ненависть питает нас сильнее
любви, она — любовь наоборот,
оставленный и невозможный берег,

поэтому ты смотришь на Барни,
исполненная зависти и страха,
тверда, как невской мостовой гранит,
и сожжена, как слабая бумага.

3.

ведь душит не отсутствие любви,
но что любовь свою теряет цену
быстрее, чем написаны стихи,
быстрей, чем на руке набухнут вены,

держащие щепотно карандаш
с молитвенной неистовою страстью,
которая наотмашь бьёт, как блажь,
которая, как лампа, не погаснет,

которою завязаны глаза,
как лошади, ступающей в тумане
над пропастью, в которую судьба
тебя толкнёт, как в ночь — воспоминанье.

Екатерине Стариковой

Свет чертит на песке почти зигзаги,
Круги и треугольники, и якорь
Бросает яхта где-то — слышно! — рядом,
Со дна взметая, как дыханье сада

Подводного, песок почти телесный,
И бабочка летит по редколесью,
Как змей воздушный, всем бумажным весом
Послушна жадной памяти, как бесу,

Над дачами, над звонами трамваев,
В Юсупов сад, трамваев звон теряя,
Где девочка прелестная и злая
Бежит с серсо, тебя ещё не зная.

* * *

Угрюмые поля уходят все на запад,
Весёлые поля ушли все на восток,
Ну, как тут нараспев, как ласточки, не плакать,
Когда в часах совсем просыпался песок.

Он тонет в нём беззвучно, некрасиво,
Вуаль жены крадет её лицо,
Как отраженье со стекла, так ивы
Пруд памяти берут в своё кольцо

И ветки на воду бросают тихо, плотно,
Как полотно узорное на смерть —
Прекрасную, нагую, но с холодным
Змеиным взглядом, высохшим, как твердь

Земная и забытая, как праздник,
Гамак оборван и разграблен сад,
Под яблоней в саду ржавеет тазик,
И времени не повернуть назад.

И маленькая дочь за шею душит,
Любовь и боль, играючи, одним
Пока ей кажутся. О, жизнь её научит:
Любви без боли нет, но боль есть без любви.

Девичий дневник

Т. В.

1.

Здесь кошки не гуляют
По улицам, как мы.
Они с балконов круглых
Глядят, на шар хурмы

Похожие и цветом,
И толщиной своей.
Как серые береты,
С промозглых площадей

Их в лужах отраженья,
Пушистые хвосты.
Глаза друг дружке жмурят,
Блестят, как леденцы.

2.

И ты, как кошка, жмуришь
Весёлые глаза,
Тебе хватает мудро
Немногого для дня,

Который тем и весел,
Как синий небосвод
На старом циферблате,
Что знаешь наперёд,

Чему уже не сбыться:
Ни смерти впопыхах,
Ни снегу на ресницах,
Ни родине в руках.

3.

Разверзнется вдруг небо,
И свет падёт на стол
Обеденный и скучный,
И вспыхнет Суассон,

Не прошлым озарённый,
Но будущей грозой,
Схватившей взгляд водою,
Испуганной тоской,

Нежданной и нежгучей,
Но вяжущей, как сласть
Черёмухи приблудной
И русской, как напасть.

4.

Французские уроки
И русская maman,
Над вязаной скатёркой
Льёт лампочка обман

Чужими вечерами,
Похожими на сон,
Вкруг круглой жёлтой лампы
В осиный унисон

Жужжат и умирают
Такие же, как мы,
Летящие на пламя
Мечты, мечты, мечты.

5.

Невероятный воздух,
Большой, как дирижабль,
Твоё заполнит тело
И вытолкнет в февраль,

Сияющий и мрачный,
Влюблённый, как и ты,
Не в ту, в кого хотела,
Но в нежность ерунды,

Которая исчезнет,
Которая пройдёт,
И только память слева
Её запомнит лёд.

6.

Голубизна эфира,
Как девочка, поёт,
Над церковью, как ширма,
Ажурной и пустой.

Готические стены
И дерево одно,
Сквозь годы и невзгоды,
Как женщина, прошло,

А девочка взлетает,
Как девочка, поёт,
И старшая прощает,
Что младшая уйдёт.

7.

Коробку жестяную,
Заветную, большую,
Квадратную, цветную,
И сердцу дорогую —

Ты детство закрываешь
От глаз чужих, точней,
От вора пострашнее —
От памяти своей,

Забравшей все игрушки
И баночку чернил
Разбившей над страницей
Последней, чтоб забыл.

Ментон

1.

И кру́жишь день по улочкам,
Прожаренным, как булочки,
До золотистой корки,
И воздух пьёшь лимонный,

Оливковый и бережный,
Счастливый, точно денежка
В фонтане голосистом,
Стеклянном, волокнистом,

Вытягивая весело
Воды свет, точно песенку,
Плетёную, как зелень,
И частую, как гребень.

2.

Невинные, старинные,
Святые в нишах глиняных
Над входами дверными
Глядят неторопливо,

Как ты идёшь в церковные
Пределы колокольные,
С которых видно море,
Как барабан, тугое.

Лазоревая крышечка
И домики, как гиречки:
Почти часы с кукушкой —
Спит городок-игрушка.

3.

Запахивают запахи
Тебя, как в шубу, ласково,
Тимьяном, розмарином
И цветом апельсинным —

Ах, кисточкой пушистою,
Лавровой, золотистою
Выглаживают кожу,
Надколотые ложа

На кладбище-кораблике,
Пустынном, белом, мраморном,
На самой горной круче
На городом плывущем.

* * *

Ангел в жёлтом, холодном и нежном
Небе курит, картаво поёт
Всё о том же: что жизнь неизбежна,
Что за нами придёт пароход

Голубой и как будто красивый,
С белой чайкой над дымной трубой,
Уплывём, придержав на затылке
Шляпу медленной верной рукой,

Обернувшись назад на прощанье,
Будто сломанных стрелки часов,
Вечность примет нас, будто дыханье
Принимает — печатью — стекло.

Будем чай пить бессильно и важно,
Взгляд с пустых не спуская гардин,
Из старинных разрозненных чашек,
Как когда-то любил Кузмин.

Монмартр

Татьяне Мосеевой

Граммофонный голос чуть гнусаво
С запрокинутою выпевает головой
О любви, как о последней славе,
И всегда — чужой.

Вечер раздвигает шёлковые ширмы,
Тёмно-розовые, как бедро
Спящей женщины, в неё, как в тире,
Целится напудренный Пьеро.

Жизнь полна нелепого веселья
И отчаянного тайного житья,
Чёрного, как страх и сожаленье,
Белого, как кокаин белья,

Кружево и жаркие резинки
Рвущего, как связей крест и бязь,
Что прошло, то всё же, значит, *было*,
Шепчешь, веря, тлея и боясь.

Осень жёлтая

Ирине Бабушкиной

1.

Ах, бакстовский, весёлый,
Оранжевый, парчовый,
Кручёный и верчёный,
Как свечка, золочёный,

Сентябрьский свет в стёклах
Сияет слишком громко.
И ты притворной шторкой
Срезаешь ему локон.

2.

Цветы, цветы и листья,
Лучистые и быстрые
На двух чудесных лицах —
Своём авангардистском

И в зеркале суровом —
Рисует Гончарова,
И все цветы махрово
Желтят ей нос и брови.

3.

И вьётся свет проворно,
Французским лёгким горлом,
Картаво и притворно,
Париж поёт всем громко,

И жёлтые пионы
Плывут по стенам тёмным,
В которых Ларионов
Рисует их — не ловит.

4.

И лепестки взлетают,
Как балерины, тают,
В сентябрьском тумане,
Нежданном и обманном,

В костюмах золочёных,
Ах, в юбках пышных, томных,
В Нижинского влюблённых,
Забытых, побеждённых.

* * *

Золотые яблоки, падающие с лотка,
Круглая уличная чехарда,
Заканчивающаяся, как всегда,
Жизнью без сна.

Когда укрываешься тишиной с головой,
Придерживаешь сердце, круглое, как бокал
Из самого невесомого стекла,
Разбивающееся всё равно.

* * *

Ивановой Габриэль

Расчёсываешь волосы и смотришь
В пустое зеркало, в котором — о, не ты,
Но женщина, как раненая птица,
Окутана тревогой красоты,

Тёмноволосой и прозрачно белой,
Как в водопад заброшенный цветок,
Который жизнь закрутит и развеет
У божьих ног.

* * *

Над Петропавловскою крепостью — дымок,
Пришедший полдень разрывает воздух,
И каждый, кто решил, что одинок,
Услышав выстрел, разрешает отдых

Тоске, овеян пылью золотой
Дня, вечного, пока есть дым и камень,
Пока Нева вздыхает за спиной,
Пока горит, путь указуя, пламень

В твоём ручном и дивном фонаре,
И ты стоишь с ним на моём пороге,
Пока земля согрета в янтаре
Его дыхания, не взятого тревогой,

А полного надежды и любви.
Но бабочки хрустят вокруг крылами,
Как смерть. *Ты просыпаешься в крови
Забвения и плачешь именами.*

* * *

Ксении Венглинской

Июль горяч, что хоть пеки блины
В воздушной раскалённой сковородке,
И стены известковые черствы
И жгучи, как щетина подбородка.

Над черепицей небо, как котёл,
Начищенный до белого металла,
Почти гудящее и круглое, как гонг,
Над серой тенью жёлтого вокзала.

Ты едешь, задыхаясь от тоски,
К густому морю, полумёртвой рыбой
Кишащему, былого маяки
Зовут к тому, что так и не забыто:

Там в золотой играющей воде
Ныряют утки, круглые зефиры
Срезают белой розы день,
И время умирает вновь счастливо

И так легко, как тени облаков
Скользят по стёклам старым Монплезира.
Парк с голубых невидимых боков
Взбивает фижмы Финского залива.

105

Ницца

1.

Сходит с ступеней «Негреско»
Пьяненькая Айседора,
Оревуар, уезжает
Так далеко, надолго.

Белый летит шарфик,
Ловит его ветер.
То ли её шарфик,
То ли рыбацкие сети,

Вытравленные пеной,
Высохшей и скрипящей,
Как порошок зубной,
Как расстаринный ящик.

2.

И в кошельке, и в сердце —
Тихо, как на Кокаде,
Молча постель заправляешь
И надеваешь платье

Грустное и голубое,
Всё, что тебе досталось —
Проданный у вокзала
Бледный букет фиалок,

Впрочем, не так уж мало.
Ты опускаешь ресницы,
О, голубиные очи!
В клетке увядшие птицы.

3.

Запах цветов и соли.
Ты заплываешь в море
Так далеко, как сможешь,
Всё не спасаясь от боли.

Спрячет тебя море,
После отдаст обратно.
Сверху кричат чайки
Нервными кошками гадко.

И, на волнах качаясь,
Ты понимаешь это:
Чувствовать столько горя —
Будто глядеть на небо.

* * *

Владимиру Богомякову

Поплавский поплавок
Плывёт по воле вод
Затылком на восток
Просоленный как Лот

Слезами горьких дев
Не жён не дочерей
Запутанных как верфь
И каменных как день

В очах их нежный лёд
И тающая мгла
Которая из них
Тебя не забрала?

Мост Мирабо

Анастасии Афанасьевой

И, *мёртвый*, размыкает
потухшие уста
продрогшие как небо
пустые как весна

и речь хрустит как льдинка
на тающем ветру
где мост ломает спину
злачёному тельцу

язвящему рогами
воды ночную гладь
легко с надзвездьем сжиться
легко с него упасть

он смотрит вниз и видит
такую *благодать*
которую при жизни
никак не увидать

вода там бьётся тяжко
о каменное дно
хоть пей её хоть прыгни
ей, в общем, *всё равно*

Алкоголи

1.

Поёт Вертинский в «Эрмитаже», где
Столы трещат от пьяной ностальгии,
И балеринки, милые, худые,
Ему напоминают о себе.

О, этот город! Он совсем не тот,
Где больше, чем гранит, бессмысленны брильянты,
Где в снег ты падаешь, как в бережную вату,
И сфинкс, как *кошечка*, рассвета ждёт.

2.

В зелёной круглой шапочке из фетра
Она молчит и курит. К ней
Никто не подойдёт. Об этом
Она не знает. И от этого — больней.

Тарелка стынет постного борща.
Поговорить — не то что б, но спасенье,
Гвоздика умирает, трепеща,
Как бабочка, как прошлого виденье.

3.

Жизнь — это то, что в нас ещё живёт,
Что горе и печаль ещё не взяли,
Она придёт к тебе, ты повторяешь, плачешь,
Она придёт к тебе, она тебя найдёт,

Как праздник или свет любимых глаз,
Качнёт тихонько, ласково, как Мойка...
Ты падаешь не потому, что стойкий,
А для того, чтоб больше не упасть.

* * *

Бездомной иностранкой осень пьёт
В ночном кафе, сама пока не зная,
Куда её судьбы водоворот
Наутро унесёт или сломает,

Как шар воздушный, полосатый тент
Над этим же кафе, пустым и ярким,
Как шляпка Тэффи. Сахарный абсент
Ей кажется совсем ненастоящим.

Она листает выцветший альбом
С гербарием безвинным и чудесным,
Где, сорваны и высушены сном
Безвременья, как на ковчеге, тесно

Людские судьбы — на чужих листах,
Сомнёт их время, как в полёте птицу.
Однако тени на пустых местах
Живут, пока есть подписи к страницам.

Река

1.

О город неродных мостов
судьбы завязанных узлов
который бог тебя хранит
и нечто глухо говорит

над серым запахом дождей
как шум промокших голубей
как незнакомый шёлк духов
который гладит ум — не кровь

ты обернёшься — ни одно
не узнаёт тебя пальто
и эхо прошлых невских лет
утонет в Сене как букет

2.

Невозможно плакать вечно
Невозможно и забыть
Мёртвым городом отмечен
Можно только просто быть

Таять сахаром в стакане
Слышишь слышишь как шуршит
Будто мышь в ночном кармане
Сном как морфием зашит

Голову забивши в руки
Будто сваи в мёрзлый грунт
В жуткие играешь жмурки
Будто где-то будто ждут

* * *

лампу тихо погасила
поседела позабыла
как ждала тебя любила
памяти не трогай ила

и не мучай тем что было
не тебя — любовь забыла
ведь теряла как любила
все вытягивая жилы

потеряла не избыла
речь как лампу погасила
больше не заговорила
потому что не остыла

Из Божнева

Илье Будницкому

Смерть — тихий переписчик нот
В огромном музыкальном магазине.
Снаружи растворяет зыбкий дождь
Оглохший воздух, запах керосина

Напоминает, в общем, ничего,
Ты прижимаешься к стеклу печали
Холодным лбом. Взгляд сквозь стекло — итог
Того, что мы о радости узнали.

В тумане проступает горизонт,
Китайскою загадочною тушью
Не нарисованный, но смазанный, как рот
Поющей музы в приступе удушья.

Фонтанов белый и скользящий шёлк
Щекочет пальцы осени, как слово,
Не сказанное — ждущее свой срок,
И тающее, как всегда, до срока.

На Сент-Женевьев-де-Буа

Последние остатки,
они ведь тем и сладки,
что после — никого,
ни века самого,
как убранной палатки.

На тусклой нитке жемчуга
всё прошлое повешено,
всё, кроме только чести,
очищенной от лести,
как тишина — от песни.

Княгини лебединые
с глазами голубыми,
забытые, картинные,
ушедшие — не первыми,
ушедшие — вторыми,

Лежат под каждым камушком,
крестами дружка к дружке
склоняясь, будто голуби,
склоняясь, будто бабушки,
бездетные игрушки.

Ходасевич

Елене Сунцовой

1.

Кот когтит диван, зевает,
Под окном звенят трамваи.
За окном летят с каштанов
Листья — высушены, рваны,

Как чулки, как полотенца,
Зажимает вечер сердце
В горсть кошачью золотую,
Как клубок, к себе ревнуя.

2.

Ты напишешь обо мне,
Я, конечно, — о тебе.
Будем пить, а жизнь — лакать,
Будем нехотя ласкать

Взглядом — мех, кота — рукой,
Тише, тише голос мой.
Ты уйдёшь, а я останусь,
Говорящий и пустой.

Прощание

Ирине Глебовой

Плывёт по кругу лилия в стеклянной чаше,
Медлительная, как вчерашний хмель.
Уставшая, ты спишь, моя Адель,
Прильнув щекой к подушке негорячей

В цветочках розовых, в заштопанном белье,
И платье одинокое на стуле,
Единственные стоптанные туфли
Стоят под стулом, но лицо во сне —

Лицо прелестной и стариннейшей камеи,
Полупрозрачное, почти как халцедон,
Чуть улыбается. Надрезанный лимон —
Луна в окне. На голые колени

Кладёт ей полночь круглую ладонь.
Адель вздыхает, чувствуя прохладу.
Пока ей больше ничего не надо.
Не тронь её, о, прошлое, не тронь.

СОДЕРЖАНИЕ